Impressum
Verlag: BABADADA GmbH, Nedderfeld 112 , 22529 Hamburg
Geschäftsführer / Verlagsleitung: Harald Hof
Druck: Books on Demand GmbH, In de Tarpen 42, 22848 Norderstedt

Imprint
Publisher: BABADADA GmbH, Nedderfeld 112 , 22529 Hamburg, Germany
Managing Director / Publishing direction: Harald Hof
Print: Books on Demand GmbH, In de Tarpen 42, 22848 Norderstedt, Germany

de School
school

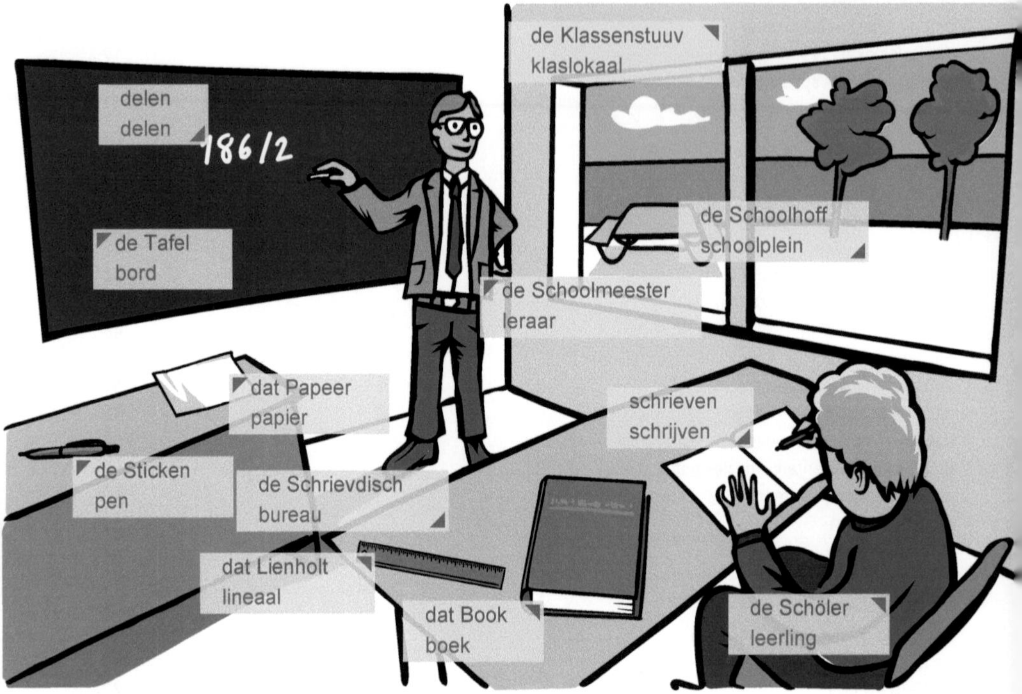

de Klassenstuuv
klaslokaal
delen
delen
186/2
de Tafel
bord
de Schoolhoff
schoolplein
de Schoolmeester
leraar
dat Papeer
papier
schrieven
schrijven
de Sticken
pen
de Schrievdisch
bureau
dat Lienholt
lineaal
dat Book
boek
de Schöler
leerling

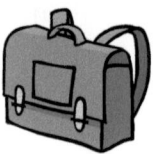

de Ranzel

schooltas

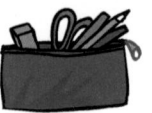

de Feddermapp

etui

de Bleesticken

potlood

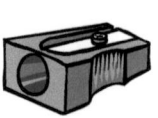

de Scharpmaker

puntenslijper

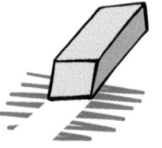

dat Radeergummi

gum

de Tekenblock

schetsblok

de Teken

tekening

de Pinsel

penseel

de Malkassen

verfdoos

de Scheer

schaar

de Klever

lijm

dat Heft to'n Öven

schrift

de Huusopgaav

huiswerk

de Tall

getal

2+2

tohooptellen

optellen

5-2

aftrecken

aftrekken

2×2

malnehmen

vermenigvuldigen

reken

rekenen

de Bookstaav

letter

dat ABC

alfabet

dat Woort

woord

de Text
....
tekst

lesen
....
lezen

de Kried
....
krijt

de Stunn
....
les

dat Klassenbook
....
klassenboek

de Pröven
....
examen

dat Tüügnis
....
diploma

de Schooluniform
....
schooluniform

de Utbillen
....
opleiding

dat Nakieksel
....
encyclopedie

de Universität
....
universiteit

dat Mikroskop
....
microscoop

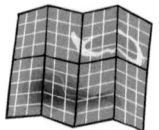

de Koort
....
kaart

de Papeerkorf
....
prullenmand

dat Hotel
hotel

Grand

de Harbarg
hostel

ROOMS

de Wesselstuuv
wisselkantoor

EXCHANGE

de Kuffer
koffer

dat Auto
auto

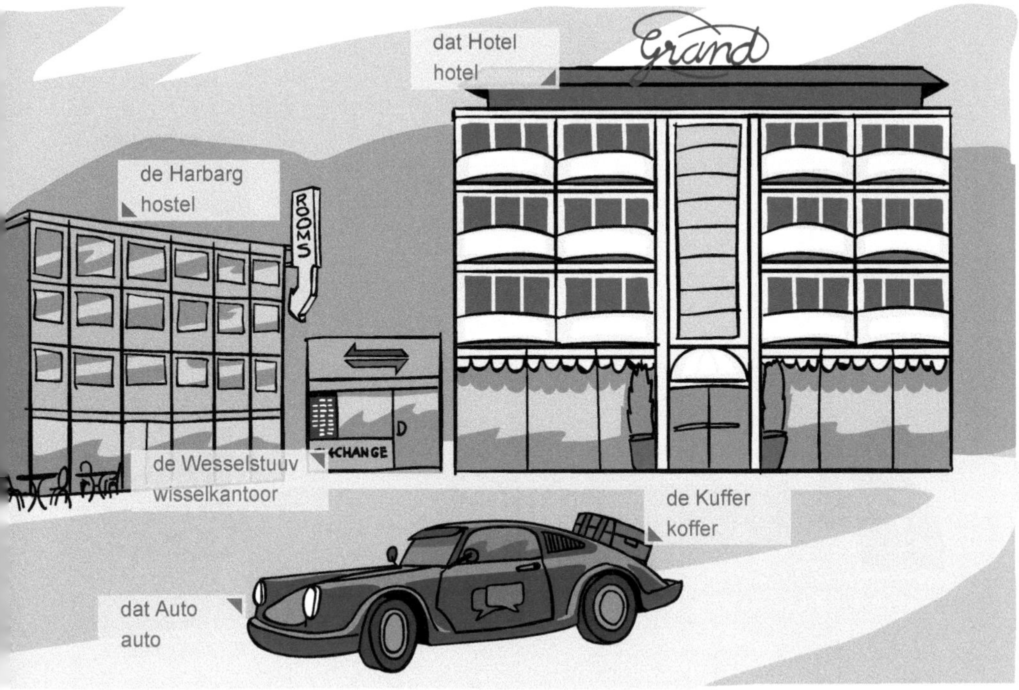

de Spraak

taal

jo / ne

ja / nee

Jo

oké

Moin

Hallo!

de Översetter

tolk

Dank ok

Bedankt.

Wat kost...?

Wat kost ...?

Ik verstah nich

Ik begrijp het niet.

dat Problem

probleem

Goden Avend

Goedenavond!

Moin!

Goedemorgen!

Gode Nacht!

Goedenacht!

Tschüüs

Tot ziens!

de Richt

richting

de Bagaasch

bagage

de Tasch

tas

de Rüchsack

rugzak

de Gast

gast

de Stuuv

kamer

de Slaapsack

slaapzak

dat Telt

tent

 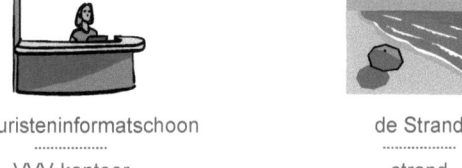

de Touristeninformatschoon
VVV-kantoor

de Strand
strand

de Kreditkoort
creditkaart

dat Fröhstück
ontbijt

dat Meddageten
lunch

dat Avendeten
diner

de Fohrkort
kaartje

de Fohrstohl
lift

de Breefmark
postzegel

de Grenz
grens

de Toll
douane

de Bottschop
ambassade

dat Visum
visum

de Pass
paspoort

de Transport

transport

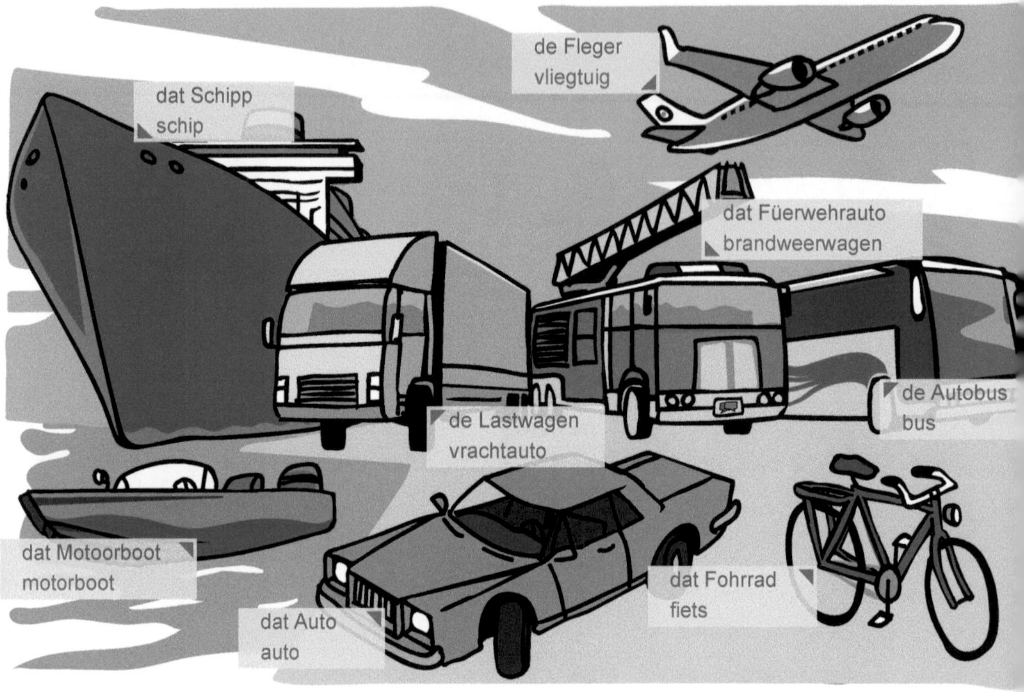
dat Schipp
schip
de Fleger
vliegtuig
dat Füerwehrauto
brandweerwagen
de Autobus
bus
de Lastwagen
vrachtauto
dat Motoorboot
motorboot
dat Fohrrad
fiets
dat Auto
auto

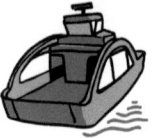

de Fähr

veerboot

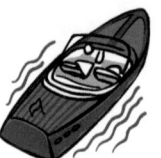

dat Boot

boot

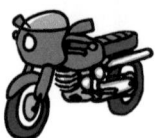

dat Motoorrad

motorfiets

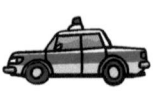

dat Polizeiauto

politiewagen

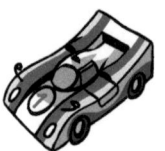

dat Rönnauto

raceauto

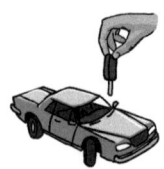

de Lehnwagen

huurauto

dat Carsharing

carsharing

de Afsleepwagen

takelwagen

dat Müllauto

vuilniswagen

de Motoor

motor

de Kraftstoff

benzine

de Tanksteed

benzinepomp

dat Verkehrsschild

verkeersbord

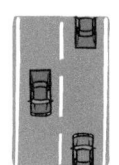

de Verkehr

verkeer

de Stau

file

de Afstellplatz

parkeerplaats

de Bahnhoff

station

de Sporen

rails

de Tog

trein

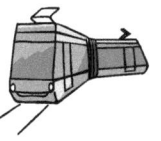

de Stratenbahn

tram

de Wagon

wagon

de Dwarsmöhl
....
helikopter

de Flooghaven
....
luchthaven

de Tower
....
toren

de Fohrgast
....
passagier

de Grootkist
....
container

de Karton
....
verhuisdoos

de Koor
....
kar

de Korf
....
mand

starten / lannen
....
opstijgen / landen

de Stadt
stad

dat Dörp
....
dorp

de Binnenstadt
....
stadscentrum

dat Huus
....
huis

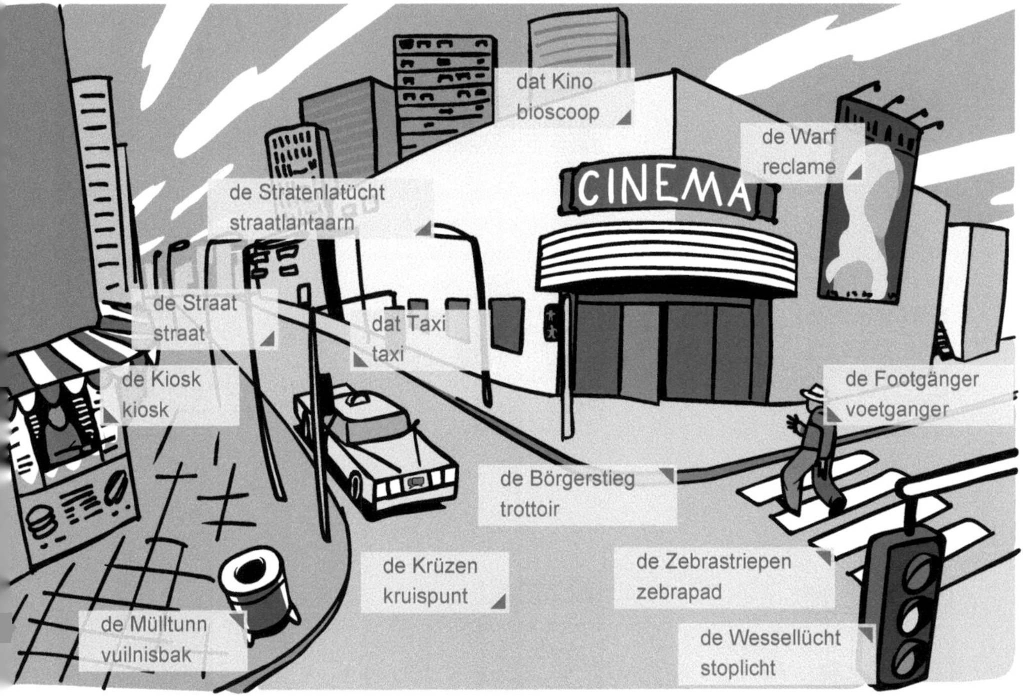

dat Kino
bioscoop

de Warf
reclame

de Stratenlatücht
straatlantaarn

CINEMA

de Straat
straat

dat Taxi
taxi

de Kiosk
kiosk

de Footgänger
voetganger

de Börgerstieg
trottoir

de Krüzen
kruispunt

de Zebrastriepen
zebrapad

de Mülltunn
vuilnisbak

de Wessellücht
stoplicht

de Hütt
hut

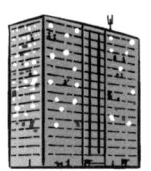

de Wahnung
appartement

de Bahnhoff
station

dat Raathuus
stadhuis

dat Museum
museum

de School
school

de Universität

universiteit

de Bank

bank

dat Krankenhuus

ziekenhuis

dat Hotel

hotel

de Afteek

apotheek

dat Büro

kantoor

de Bookhökerie

boekenwinkel

de Hökerie

winkel

de Blomenhökerie

bloemenwinkel

de Supermarkt

supermarkt

de Markt

markt

dat Koophuus

warenhuis

de Fischhökerie

visboer

dat Inkoopszentrum

winkelcentrum

de Haven

haven

de Parkanlaag

park

de Bank

bank

de Brüch

brug

de Trepp

trap

de Ünnergrundbahn

metro

de Tunnel

tunnel

de Busstoppsteed

bushalte

de Bar

bar

dat Spieslokal

restaurant

de Breefkassen

brievenbus

dat Stratenschild

straatnaambord

de Parkklock

parkeermeter

de Deertenpark

dierentuin

de Baadanstalt

zwembad

de Moschee

moskee

de Buernhoff

boerderij

de Ümweltversmudden

vervuiling

de Karkhoff

begraafplaats

de Kark

kerk

de Speelplatz

speelplaats

de Tempel

tempel

de Landschop

landschap

dat Blatt
blad

de Wiespahl
wegwijzer

de Weg
weg

de Wisch
weide

de Steen
steen

de Boom
boom

de Wannerer
wandelaar

de Fluss
rivier

dat Gras
gras

de Bloom
bloem

dat Daal

vallei

de Barg

berg

de See

meer

dat Holt

bos

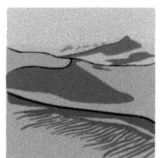

de Wööst

woestijn

de Füerspien Barg

vulkaan

dat Slott

kasteel

de Regenbagen

regenboog

de Poggenstohl

paddenstoel

de Palm

palmboom

de Steekmück

mug

de Fleeg

vlieg

de Miegeemk

mier

de Imm

bij

de Spinn

spin

de Sebber

kever

de Pogg

kikker

de Katteker

eekhoorn

de Swienegel

egel

de Haas

haas

de Uul

uil

de Vagel

vogel

de Swaan

zwaan

dat Wildswien

wild zwijn

de Hirsch

hert

de Elk

eland

de Staudamm

stuwdam

dat Windrad

windmolen

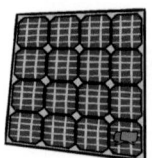

dat Solarmodul

zonnepaneel

dat Klima

klimaat

dat Spieslokal
restaurant

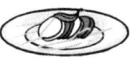

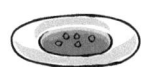

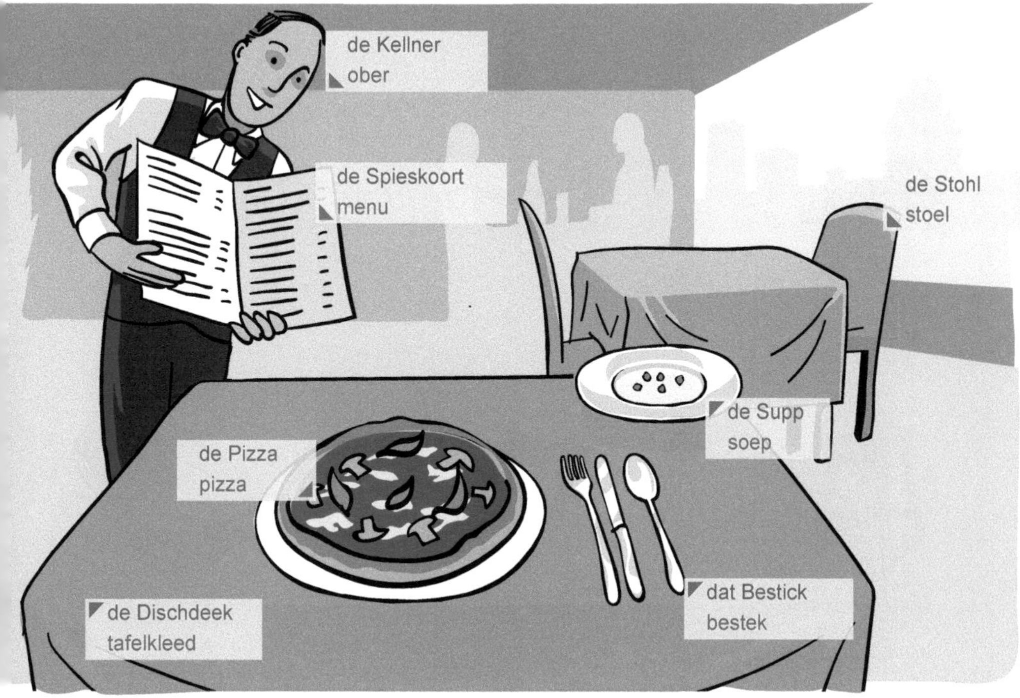
de Kellner
ober
de Spieskoort
menu
de Stohl
stoel
de Supp
soep
de Pizza
pizza
dat Bestick
bestek
de Dischdeek
tafelkleed

de Vörspies

voorgerecht

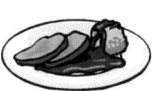

dat Haupteten

hoofdgerecht

de Nadisch

toetje

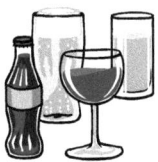

de Drünk

dranken

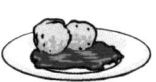

dat Eten

eten

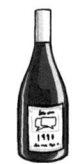

de Buddel

fles

dat Fastfood

fastfood

dat Strateneten

eetkraampje

de Teekann

theepot

de Zuckerdoos

suikerpot

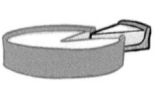

de Portschoon

portie

de Espressomaschien

espressomachine

de Hoochstohl

kinderstoel

de Reken

rekening

dat Tablett

dienblad

dat Mess

mes

de Gavel

vork

de Lepel

lepel

de Teelepel

theelepel

dat Munddook

servet

dat Glas

glas

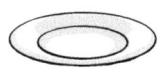

de Töller

bord

de Suppentöller

soepbord

de Ünnertass

schotel

de Sooß

saus

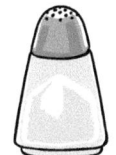

de Soltstreuer

zoutvaatje

de Pepermöhl

pepermolen

de Etig

azijn

dat Ööl

olie

de Krüder

kruiden

de Ketchup

ketchup

de Mostrich

mosterd

de Mayonnaise

mayonaise

de Supermarkt

supermarkt

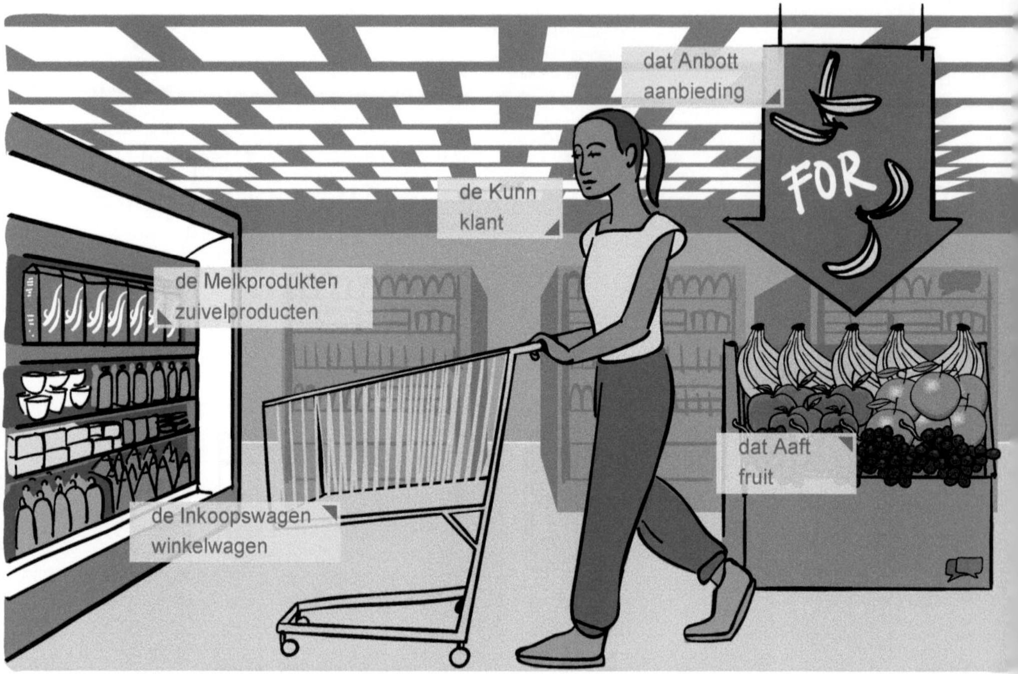

dat Anbott
aanbieding
FOR
de Kunn
klant
de Melkprodukten
zuivelproducten
dat Aaft
fruit
de Inkoopswagen
winkelwagen

BUTCHERS

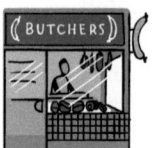

de Slachterie

slager

BAKERY

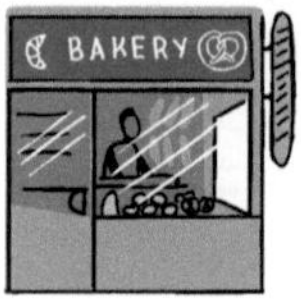

de Bäckerie

bakkerij

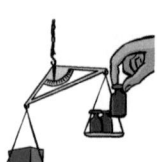

wegen

wegen

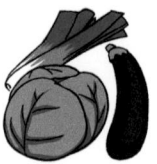

de Gröönsaken

groente

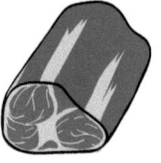

dat Fleesch

vlees

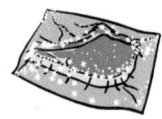

de Deepköhlkost

diepvriesproducten

de Opsnitt

vleeswaren

de Konserven

conserven

de Waschmiddel

wasmiddel

de Snoopkraam

snoepgoed

de Huushooltssaken

huishoudelijke artikelen

de Reinmaaktüüch

schoonmaakmiddel

de Verköpersche

verkoopster

de Kass

kassa

de Kasserer

kassier

de Inkoopslist

boodschappenlijstje

de Opsparrtieden

openingstijden

de Breeftasch

portefeuille

de Kreditkoort

creditkaart

de Tasch

tas

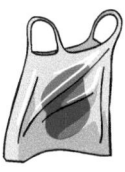

de Plastiktüüt

plastic zak

dat Water

water

de Saft

sap

de Melk

melk

de Cola

cola

de Wien

wijn

dat Beer

bier

de Spriet

alcohol

de Kakao

chocolademelk

de Tee

thee

de Koffie

koffie

de Espresso

espresso

de Cappucino

cappuccino

de Banaan

banaan

de Appel

appel

de Appelsien

sinaasappel

de Meloon

watermeloen

de Zitroon

citroen

de Wöttel

wortel

de Knuuvlook

knoflook

de Bambus

bamboe

de Zibbel

ui

de Poggenstohl

paddenstoel

de Nööt

noten

de Nudeln

pasta

de Spaghetti

spaghetti

de Ries

rijst

de Salat

salade

de Pommes frites

friet

de Braadkantüffeln

gebakken aardappelen

de Pizza

pizza

de Hamborger

hamburger

dat Sandwich

sandwich

dat Snitzel

schnitzel

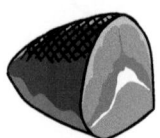

de Schinken

ham

de Salami

salami

de Wust

worst

dat Hohn

kip

de Braden

gebraad

de Fisch

vis

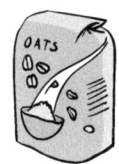

de Haverflocken

havermout

dat Müsli

muesli

de Cornflakes

cornflakes

dat Mehl

meel

de Croissant

croissant

dat Rundstück

broodjes

dat Broot

brood

dat Toast

toast

de Keksen

koekjes

de Botter

boter

de Quark

kwark

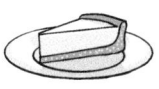

de Koken

taart

dat Ei

ei

dat Spegelei

gebakken ei

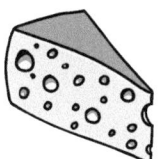

de Kees

kaas

de Ies
ijs

de Zucker
suiker

de Honnig
honing

de Marmelaad
jam

de Nougat-Creme
chocoladepasta

dat Curry
kerrie

dat Eten - eten

de Buernhoff
boerderij

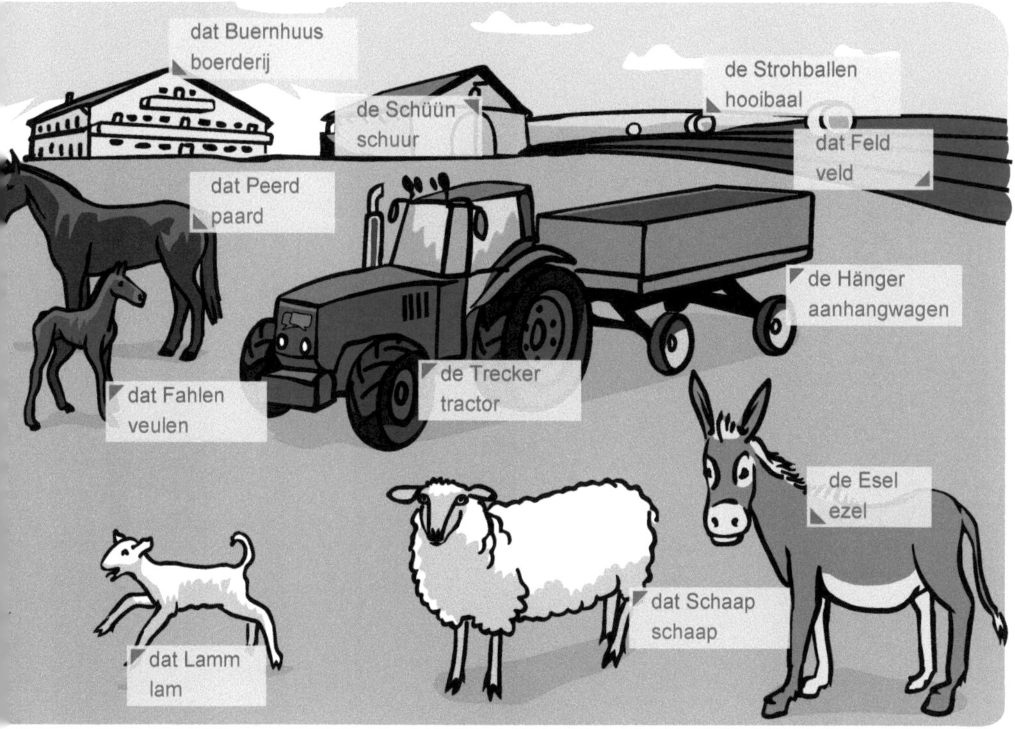

dat Buernhuus
boerderij
de Schüün
schuur
de Strohballen
hooibaal
dat Feld
veld
dat Peerd
paard
de Hänger
aanhangwagen
de Trecker
tractor
dat Fahlen
veulen
de Esel
ezel
dat Schaap
schaap
dat Lamm
lam

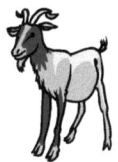

de Zeeg

geit

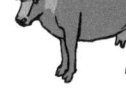

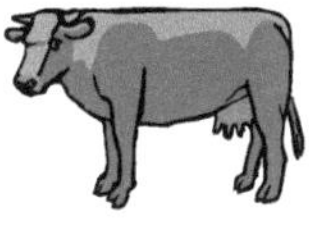

de Koh

koe

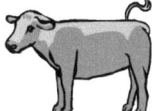

dat Kalf

kalf

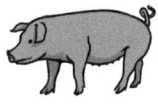

dat Swien

varken

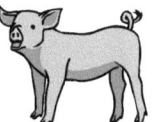

dat Farken

big

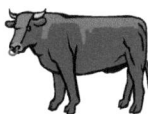

de Bull

stier

de Goos

gans

de Aant

eend

dat Küken

kuiken

dat Hohn

kip

de Hahn

haan

de Rott

rat

de Katt

kat

de Muus

muis

de Oss

os

de Hund

hond

de Hunnenhütt

hondenhok

de Goornslauch

tuinslang

de Geetkann

gieter

de Lee

zeis

de Ploog

ploeg

de Sich

sikkel

de Hack

schoffel

de Mestfork

hooivork

de Ext

bijl

de Schuufkoor

kruiwagen

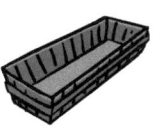

de Trog

trog

de Melkkann

melkbus

de Sack

zak

de Tuun

hek

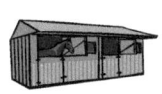

de Stall

stal

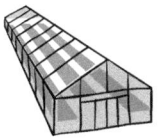

dat Drievhuus

broeikas

de Bodden

grond

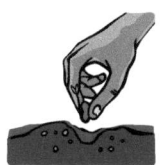

de Saat

zaad

de Dünger

mest

de Meihdöscher

maaidorser

oornen
oogsten

de Oorn
oogst

de Yamswöttel
yam

de Weten
tarwe

dat Soja
soja

de Kantüffel
aardappel

de Törksche Weten
maïs

de Rapp
koolzaad

de Aaftboom
fruitboom

de Troopsch Kantüffel
maniok

dat Koorn
granen

dat Huus
huis

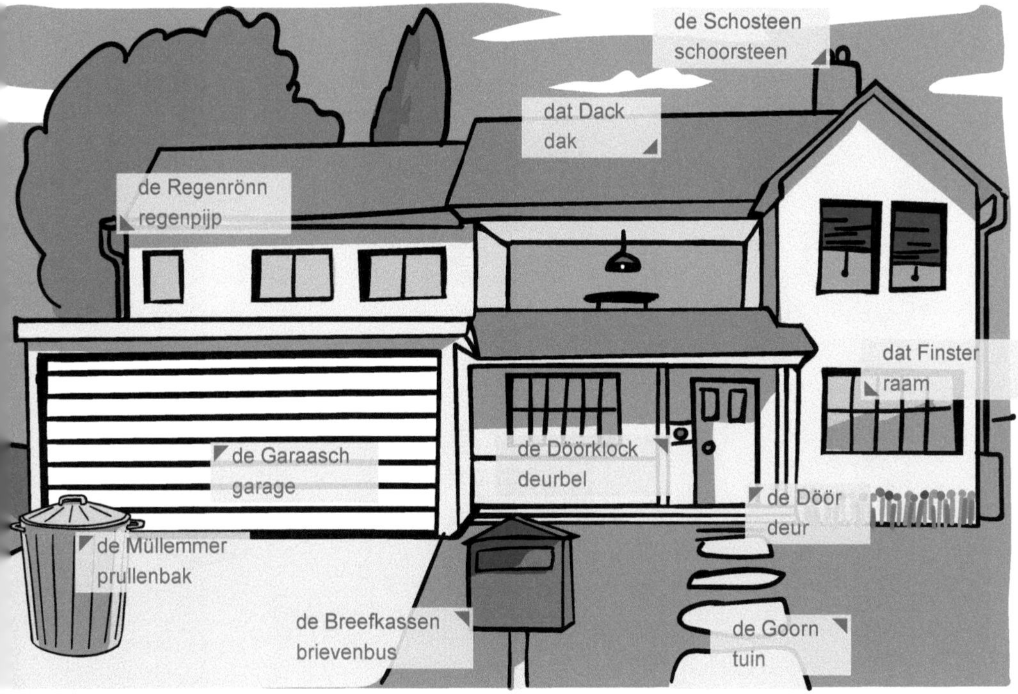
de Schosteen
schoorsteen
dat Dack
dak
de Regenrönn
regenpijp
dat Finster
raam
de Garaasch
garage
de Döörklock
deurbel
de Döör
deur
de Müllemmer
prullenbak
de Breefkassen
brievenbus
de Goorn
tuin

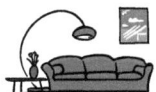

de Wahnstuuv
....
woonkamer

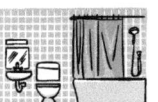

de Baadstuuv
....
badkamer

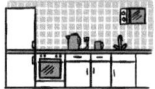

de Köök
....
keuken

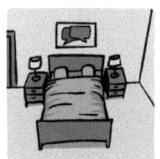

de Slaapstuuv
....
slaapkamer

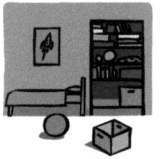

de Kinnerstuuv
....
kinderkamer

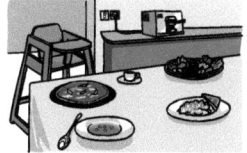

de Eetstuuv
....
eetkamer

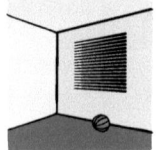

de Footbodden
vloer

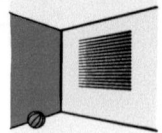

de Wand
muur

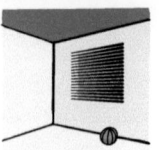

de Deek
plafond

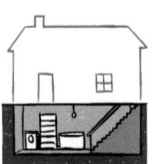

de Keller
kelder

dat Hittluftbad
sauna

de Balkon
balkon

de Terrass
terras

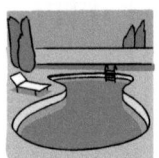

dat Swümmbad
zwembad

de Rasenmeiher
grasmaaier

de Bettbetog
laken

de Bettdeek
bedsprei

de Puuch
bed

de Bessen
bezem

de Emmer
emmer

de Schalter
schakelaar

de Wahnstuuv

woonkamer

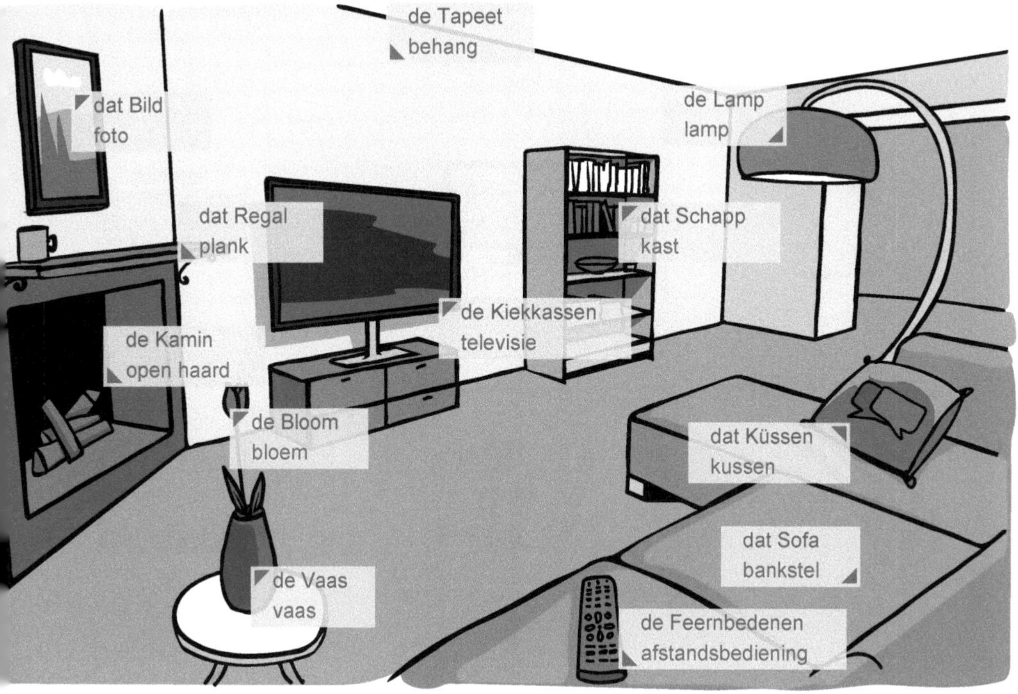

de Tapeet
behang
dat Bild
foto
de Lamp
lamp
dat Regal
plank
dat Schapp
kast
de Kiekkassen
televisie
de Kamin
open haard
de Bloom
bloem
dat Küssen
kussen
dat Sofa
bankstel
de Vaas
vaas
de Feernbedenen
afstandsbediening

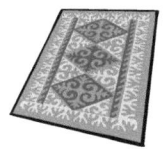

de Teppich

tapijt

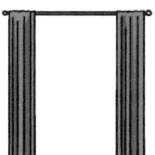

de Vörhang

gordijn

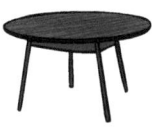

de Disch

tafel

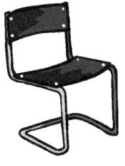

de Stohl

stoel

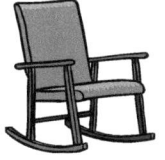

de Schuckelstohl

schommelstoel

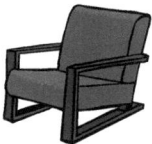

de Sessel

stoel

dat Book
....
boek

de Deek
....
deken

de Dekoratschoon
....
decoratie

dat Füerholt
....
brandhout

de Film
....
film

de Stereoanlaag
....
stereo-installatie

de Slötel
....
sleutel

dat Narichtenblatt
....
krant

dat Gemälde
....
schilderij

dat Poster
....
poster

dat Radio
....
radio

de Opschrievblock
....
kladblok

de Huulbessen
....
stofzuiger

de Kaktus
....
cactus

de Kars
....
kaars

de Köök
keuken

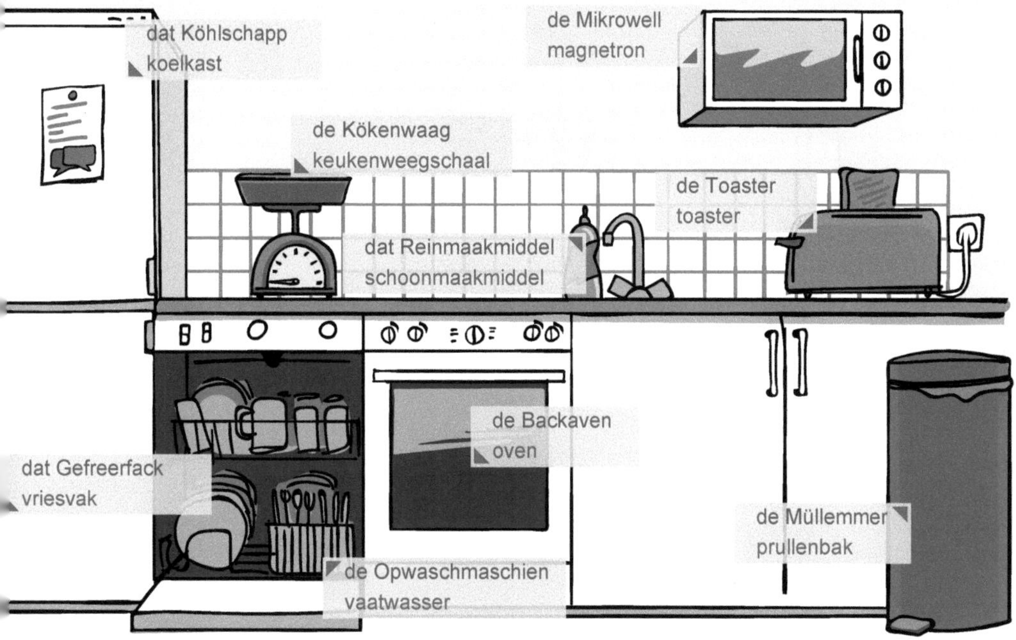
dat Köhlschapp
koelkast
de Mikrowell
magnetron
de Kökenwaag
keukenweegschaal
de Toaster
toaster
dat Reinmaakmiddel
schoonmaakmiddel
de Backaven
oven
dat Gefreerfack
vriesvak
de Müllemmer
prullenbak
de Opwaschmaschien
vaatwasser

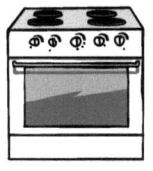

de Heerd

fornuis

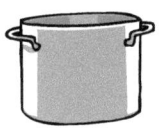

de Pott

pan

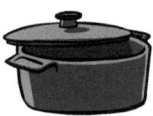

de Gussiesern Putt

gietijzeren pan

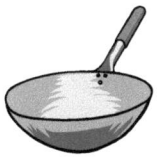

de Wok / Kadai

wok / kadai

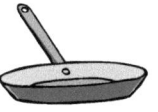

de Pann

koekenpan

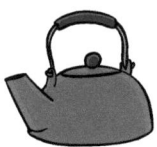

de Waterkaker

ketel

de Dampkaakputt

stoomkoker

dat Backblick

bakplaat

dat Geschirr

servies

de Beker

beker

de Schaal

kom

de Eetsticken

eetstokjes

de Suppenkell

soeplepel

de Pannenwenner

spatel

de Sneebessen

garde

dat Kaakseef

vergiet

dat Seef

zeef

de Riev

rasp

de Mörser

vijzel

de Grill

barbecue

de Füerstell

vuurhaard

dat Sniedbrett

snijplank

dat Nudelholt

deegroller

de Proppentrecker

kurkentrekker

de Doos

blik

de Dosenaapner

blikopener

de Pottlappen

pannenlap

dat Waschbecken

wasbak

de Böst

borstel

de Swamm

spons

de Mixer

blender

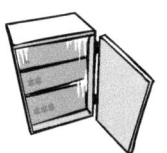

dat Iesschapp

vriezer

de Nuckelbuddel

babyflesje

de Waterhahn

kraan

de Baadstuuv

badkamer

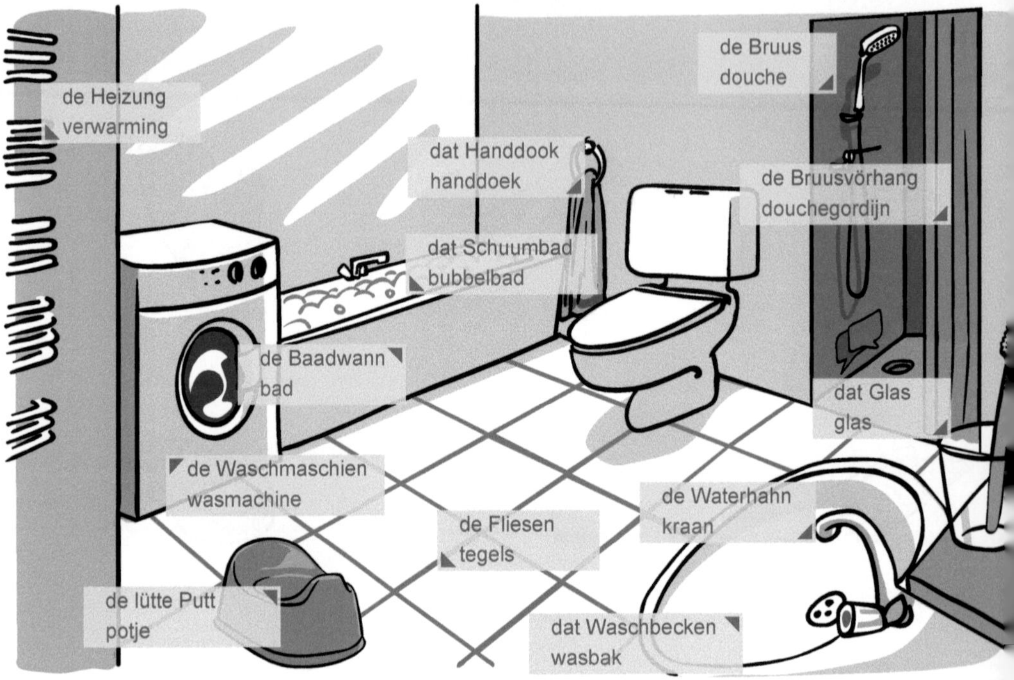
de Heizung
verwarming
dat Handdook
handdoek
de Bruus
douche
de Bruusvörhang
douchegordijn
dat Schuumbad
bubbelbad
de Baadwann
bad
dat Glas
glas
de Waschmaschien
wasmachine
de Waterhahn
kraan
de Fliesen
tegels
de lütte Putt
potje
dat Waschbecken
wasbak

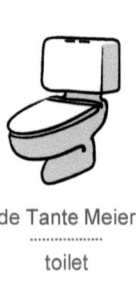

de Tante Meier

toilet

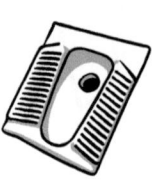

de Hockklo

hurktoilet

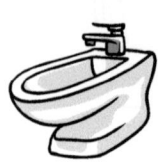

dat Bidet

bidet

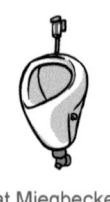

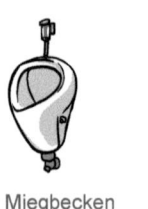

dat Miegbecken

urinoir

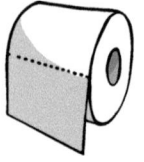

dat Klopapeer

toiletpapier

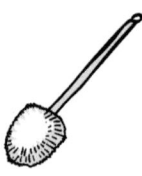

de Kloböst

toiletborstel

de Tähnböst

tandenborstel

de Tähnpast

tandpasta

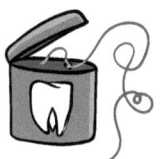

de Tähnsied

flosdraad

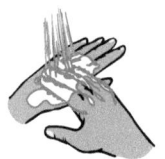

waschen

wassen

de Handbruus

handdouche

de Intimbruus

toiletdouche

de Waschschöttel

waskom

de Rüchböst

rugborstel

de Seep

zeep

dat Bruusgeel

douchegel

dat Hoorwaschmiddel

shampoo

de Waschlappen

washanje

de Afloop

afvoer

de Creme

creme

dat Deodorant

deodorant

de Spegel

spiegel

de Kosmetikspegel

make-upspiegel

de Raserer

scheermes

de Raseerschuum

scheerschuim

dat Raseerwater

aftershave

de Kamm

kam

de Böst

borstel

de Hoordröger

haardroger

dat Hoorspray

haarspray

de Smink

make-up

de Lippensticken

lippenstift

de Nagellack

nagellak

de Watt

watten

de Nagelscheer

nagelschaartje

dat Rüükwater

parfum

de Kulturbüdel

toilettas

de Schemel

kruk

de Waag

weegschaal

de Baadmantel

badjas

de Gummihanschen

rubber handschoenen

de Tampon

tampon

de Damenbinn

maandverband

dat Chemieklo

chemisch toilet

de Kinnerstuuv

kinderkamer

de Wecker
wekker
dat Knudeldeert
knuffeldier
dat Speeltüüchauto
speelgoedauto
de Klöter
rammelaar
dat Poppenhuus
poppenhuis
dat Geschenk
cadeau

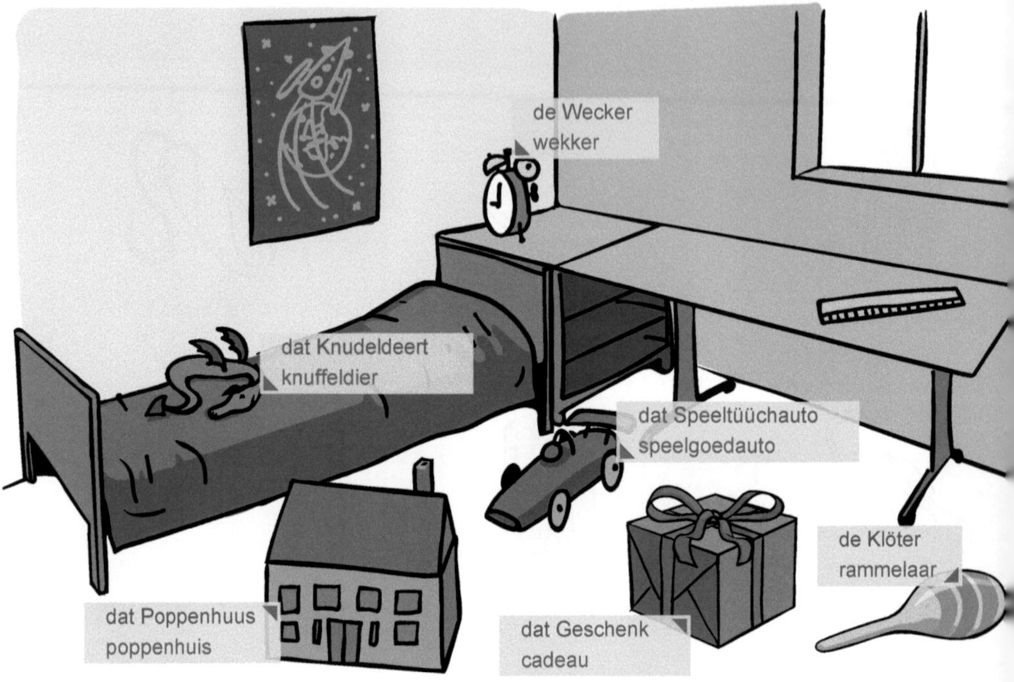

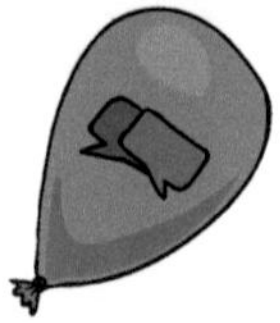

de Luftballon

ballon

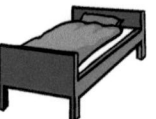

de Puuch

bed

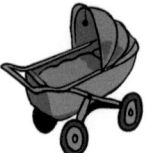

de Kinnerwagen

kinderwagen

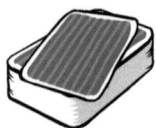

dat Koortenspeel

kaartspel

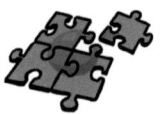

dat Puzzle

puzzel

SUPER
MEGA

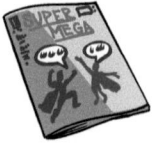

de Billergeschicht

stripverhaal

de Legostenen

legostenen

de Bustenen

speelgoedblokken

de Action-Figur

actiefiguurtje

de Strampelantog

romper

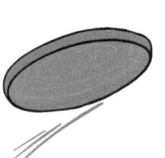

de Frisbeeschiev

frisbee

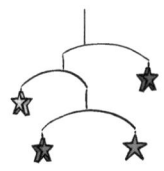

dat Mobile

mobile

dat Brettspeel

bordspel

de Wörpel

dobbelsteen

de Modelliesenbahn

modeltrein

de Snuller

speen

de Party

feestje

dat Billerbook

prentenboek

de Ball

bal

de Popp

pop

spelen

spelen

de Sandkassen

zandbak

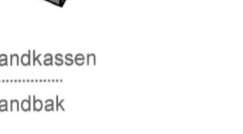

de Schuckel

schommel

dat Speeltüüch

speelgoed

de Speelkonsool

spelcomputer

dat Dreerad

driewieler

de Teddyboor

teddybeer

dat Klederschapp

kleerkast

dat Tüüch

kleding

de Socken

sokken

de Strümp

kousen

de Strumpbüx

panty

dat Halsdook
sjaal

de Paraplü
paraplu

dat T-Shirt
T-shirt

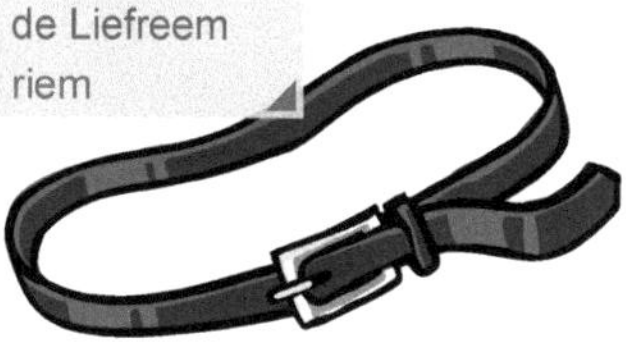

de Liefreem
riem

de Stevel
laarzen

de Puuschen
pantoffels

de Turnschoh
sportschoenen

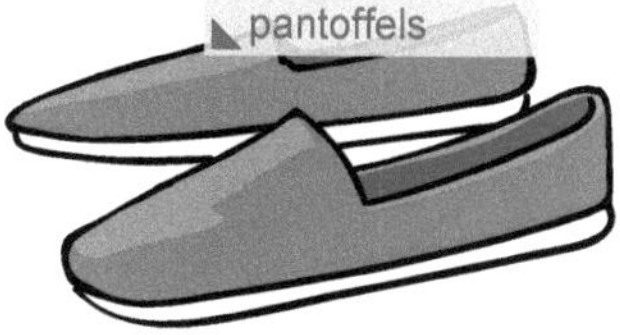

de Sandalen
....
sandalen

de Schoh
....
schoenen

de Gummistevel
....
rubberlaarzen

de Ünnerbüx
....
onderbroek

de Bostholler
....
beha

dat Ünnerhemd
....
onderhemd

de Lief

body

de Büx

broek

de Jeansnüx

spijkerbroek

de Rock

rok

de Bluus

blouse

dat Hemd

overhemd

de Pullover

trui

de Kapuzenpullover

hoody

de Blazer

blazer

de Jack

jas

de Mantel

mantel

de Övertrecker

regenjas

dat Kostüm

kostuum

dat Kleed

jurk

dat Hochtietskleed

trouwjurk

de Antog

pak

dat Nachtkleed

nachthemd

de Slaapantog

pyjama

de Sari

sari

dat Koppdook

hoofddoek

de Turban

tulband

de Burka

boerka

de Kaftan

kaftan

de Abaya

abaja

de Baadantog

zwempak

de Baadbüx

zwembroek

de Korte Büx

korte broek

de Antog to'n Öven

trainingspak

de Schört

schort

de Handschoh

handschoenen

de Knopp

knoop

de Brill

bril

dat Armband

armband

de Halskeed

ketting

de Ring

ring

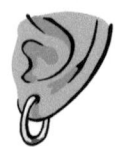

de Ohrbummel

oorbel

de Mütz

pet

de Klederbögel

kledinghanger

de Hoot

hoed

de Binner

stropdas

de Rietslüter

rits

de Helm

helm

dat Drachtband

bretels

de Schooluniform

schooluniform

de Uniform

uniform

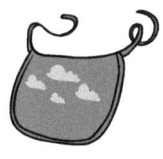

de Severböten

slabbetje

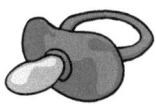

de Snuller

speen

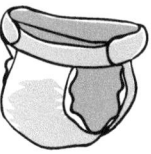

de Winnel

luier

dat Büro

kantoor

de Server
server
dat Aktenschapp
archiefkast
at Papeer
apier
de Drucker
printer
de Bildschirm
beeldscherm
de Schrievdisch
bureau
de Muus
muis
de Orner
map
dat Knoopboord
toetsenbord
de Papeerkorf
prullenmand
de Computer
computer
de Stohl
stoel

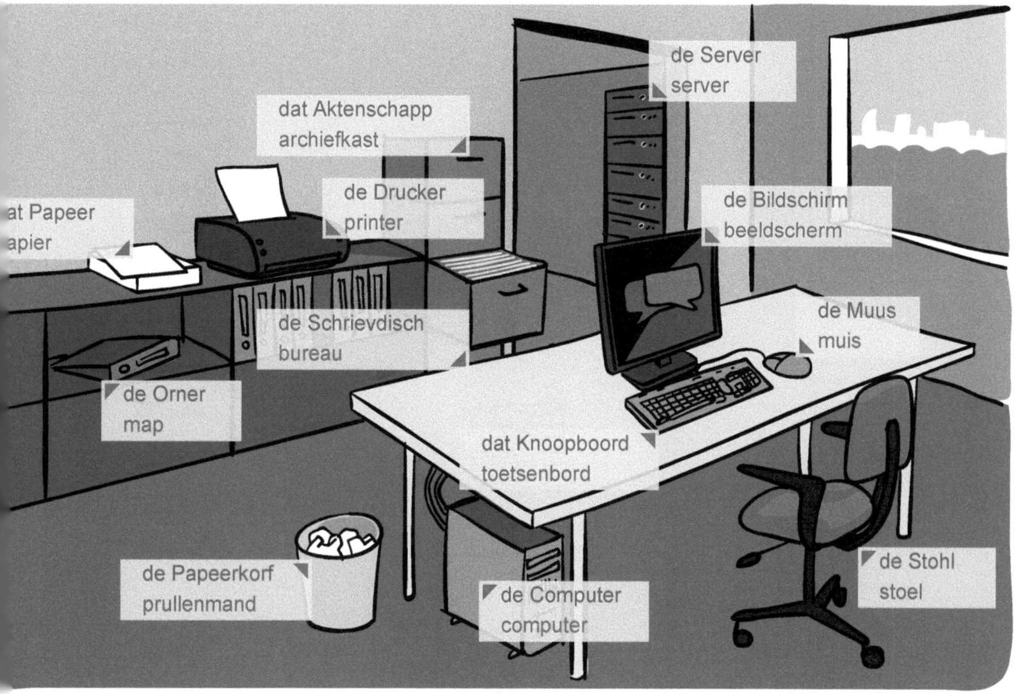

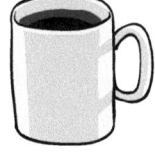

de Koffiebeker

koffiemok

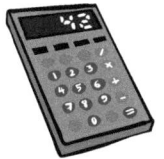

de Taschenreekner

rekenmachine

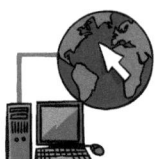

dat Internet

internet

de Klappreekner

laptop

de Breef

brief

de Naricht

bericht

de Ackersnacker

mobiele telefoon

dat Nettwark

netwerk

de Kopeerapparat

kopieermachine

de Software

software

de Klöönkassen

telefoon

de Steekdoos

stopcontact

de Faxapparat

fax

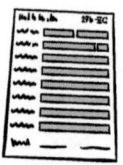

dat Formulor

formulier

dat Dokument

document

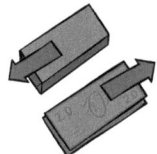

köpen

kopen

betahlen

betalen

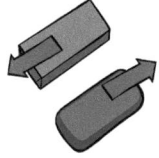

hanneln

handel drijven

dat Geld

geld

de Dollar

dollar

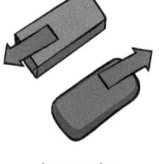

de Euro

euro

de Yen

yen

de Ruvel

roebel

de Swiezer Franken

Zwitserse frank

de Renminbi Yuan

renminbi yuan

de Rupie

roepie

de Geldautomat

geldautomaat

de Wesselstuuv

wisselkantoor

dat Gold

goud

dat Sülver

zilver

dat Ööl

olie

de Energie

energie

de Pries

prijs

de Verdrag

contract

de Stüer

belasting

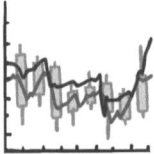

de Andeelschien

aandeel

arbeiden

werken

de Anstellte

werknemer

de Arbeitgever

werkgever

de Fabrik

fabriek

de Hökerie

winkel

de Profeschonen

beroepen

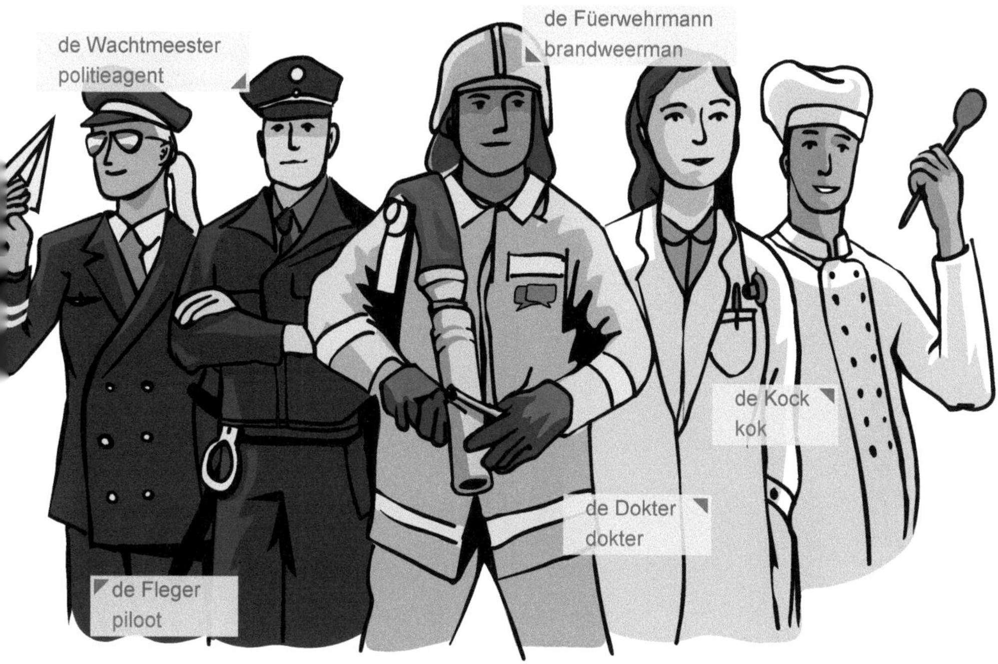
de Wachtmeester
politieagent
de Füerwehrmann
brandweerman
de Kock
kok
de Dokter
dokter
de Fleger
piloot

de Goorner

tuinman

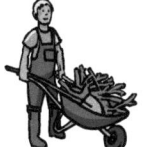

de Discher

timmerman

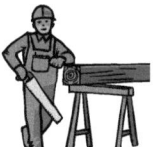

de Neihersche

naaister

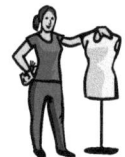

de Richter

rechter

de Chemiker

scheikundige

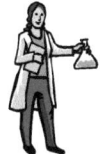

de Schauspeler

toneelspeler

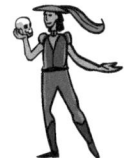

de Busfohrer

buschauffeur

de Taxifohrer

taxichauffeur

de Fischer

visser

de Reinmaakfru

schoonmaakster

de Dackdecker

dakdekker

de Kellner

ober

de Jäger

jager

de Maler

schilder

de Bäcker

bakker

de Elektriker

elektricien

de Buarbeider

bouwvakker

de Ingenieur

ingenieur

de Slachter

slager

de Klempner

loodgieter

de Postbüdel

postbode

de Suldat

soldaat

de Architekt

architect

de Kasserer

kassier

de Florist

bloemist

de Putzbüdel

kapper

de Schaffner

conducteur

de Mechaniker

monteur

de Kaptein

kapitein

de Tähndokter

tandarts

de Wetenschopler

wetenschapper

de Rabbi

rabbi

de Imam

imam

de Mönk

monnik

de Paap

pastoor

dat Warktüüch
gereedschap

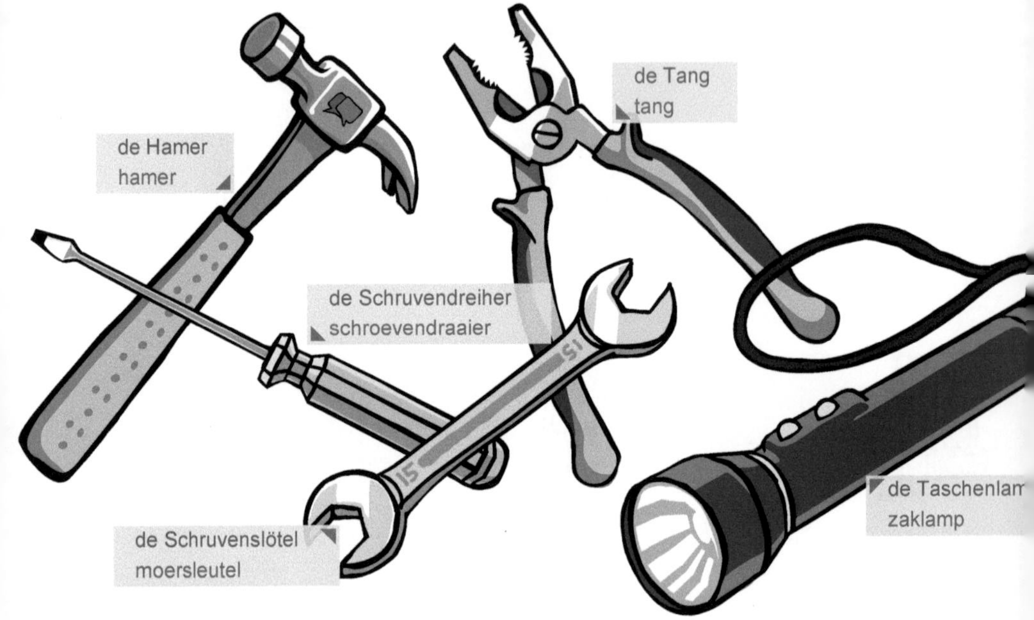
de Tang
tang
de Hamer
hamer
de Schruvendreiher
schroevendraaier
de Taschenlam
zaklamp
de Schruvenslötel
moersleutel

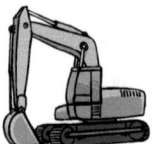

de Grieper

graafmachine

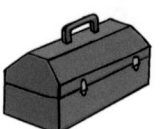

de Warktüüchkassen

gereedschapskist

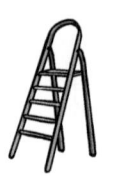

de Ledder

ladder

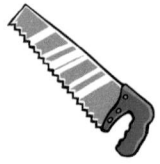

de Saag

zaag

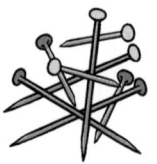

de Nagels

spijkers

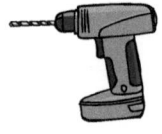

de Bohrer

boor

heelmaken
....
repareren

de Schüffel
....
schep

Schiet!
....
Verdorie!

dat Kehrblick
....
stofblik

de Farvpott
....
verfpot

de Schruven
....
schroeven

de Musikinstrumenten
muziekinstrumenten

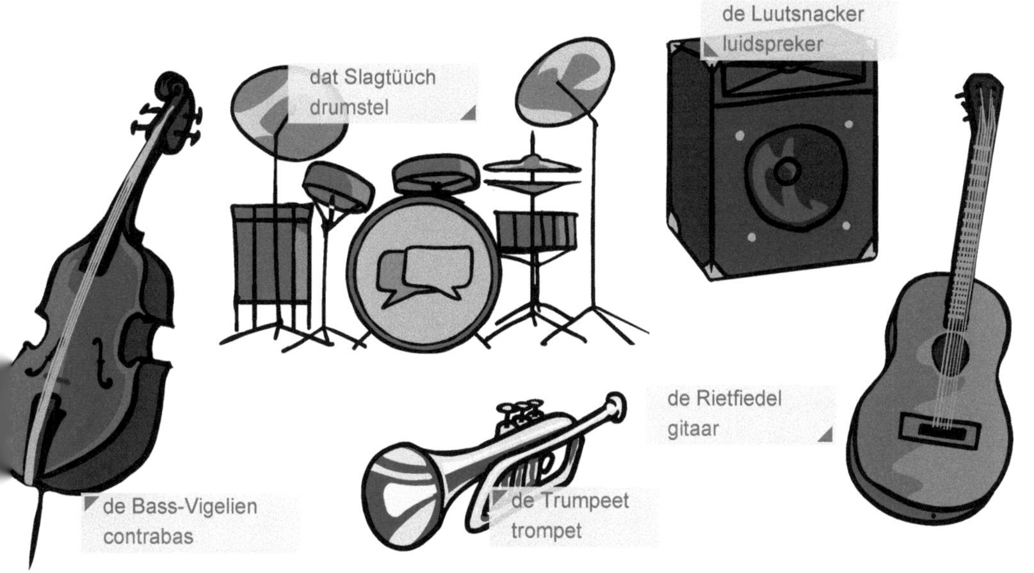

dat Slagtüüch
drumstel

de Luutsnacker
luidspreker

de Rietfiedel
gitaar

de Bass-Vigelien
contrabas

de Trumpeet
trompet

dat Klaveer

piano

de Vigelien

viool

de Bass

bas

de Pauk

pauk

de Trummeln

trommel

dat Keyboard

keyboard

dat Saxophon

saxofoon

de Fleut

fluit

dat Mikrofoon

microfoon

de Deertenpark
dierentuin

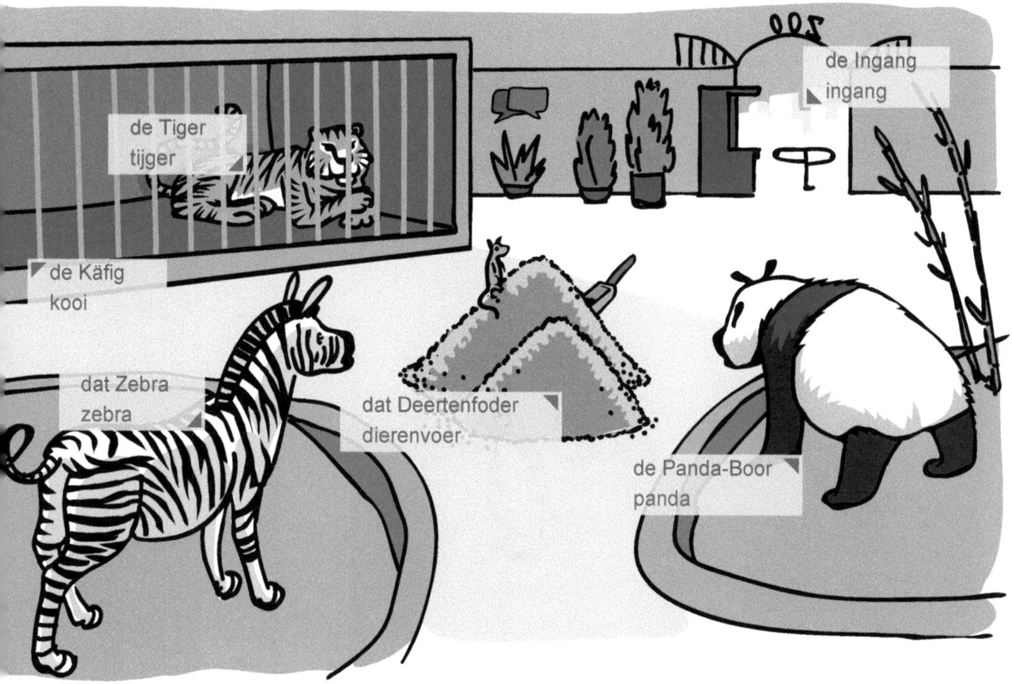
de Ingang
ingang
de Tiger
tijger
de Käfig
kooi
dat Zebra
zebra
dat Deertenfoder
dierenvoer
de Panda-Boor
panda

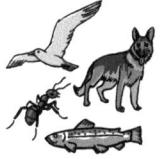

de Deerten
dieren

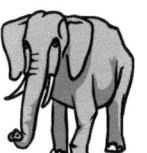

de Elefant
olifant

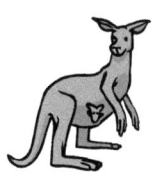

dat Känguru
kangoeroe

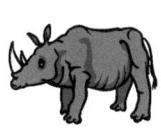

dat Neeshoorn
neushoorn

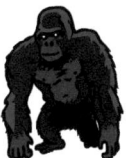

de Gorilla
gorilla

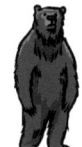

de Boor
beer

dat Kameel

kameel

de Struuß

struisvogel

de Lööv

leeuw

de Aap

aap

de Flamingo

flamingo

de Papagoi

papegaai

de Iesboor

ijsbeer

de Pinguin

pinguïn

de Haifisch

haai

de Pageluun

pauw

de Slang

slang

dat Krokodil

krokodil

de Oppasser in'n
Deertenpark
dierenverzorger

de Saalhund

zeehond

de Jaguor

jaguar

dat Pony
pony

de Leopard
luipaard

dat Nilpeerd
nijlpaard

de Giraff
giraffe

de Aadler
adelaar

dat Wildswien
wild zwijn

de Fisch
vis

de Schildkrööt
schildpad

dat Walross
walrus

de Voss
vos

de Gazell
gazelle

de Sport

sport

de Amerikaansch Football
American football

dat Radfohren
wielrennen

dat Tennis
tennis

de Korfball
basketbal

dat Swümmen
zwemmen

dat Boxen
boksen

dat Ieshockey
ijshockey

de Football
....
voetbal

dat Fedderball
....
badminton

de Leichtathletik
....
atletiek

de Handball
....
handbal

dat Skilopen
....
skiën

dat Polo
....
polo

de Aktivitäten
activiteiten

springen
springen
ümarmen
knuffelen
lachen
lachen
gahn
lopen
singen
zingen
drömen
dromen
beden
bidden
snuteln
kussen

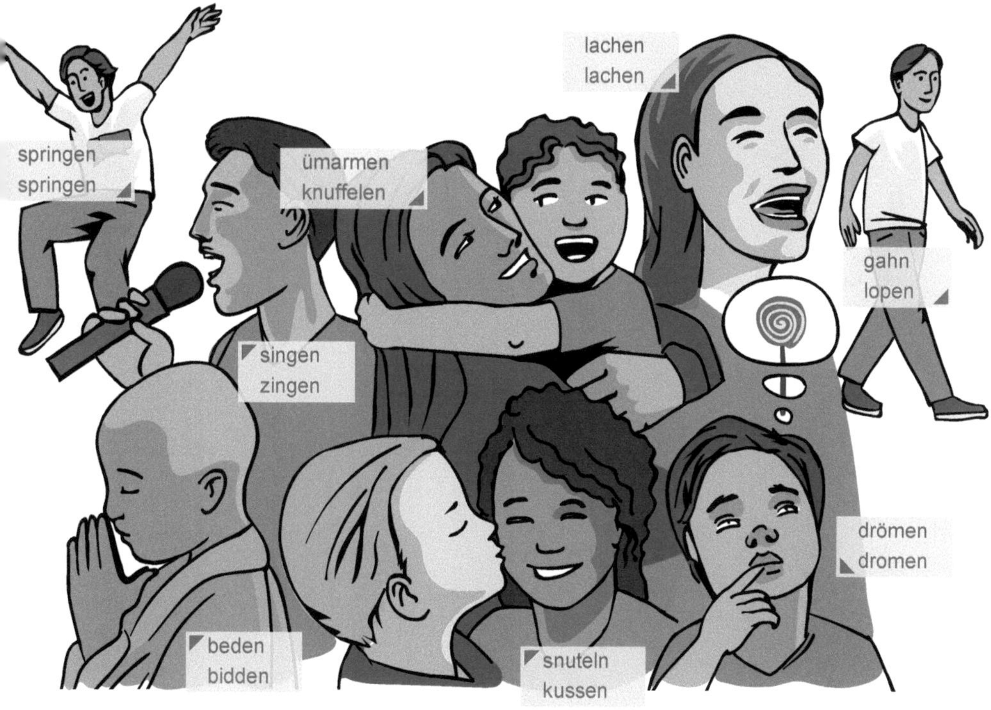

schrieven
schrijven

teken
tekenen

wiesen
tonen

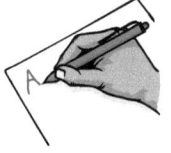

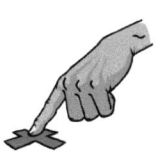

drücken
duwen

geven
geven

nehmen
oppakken

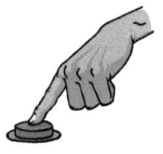

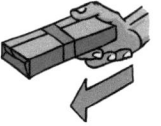

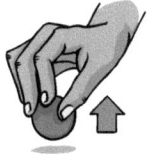

hebben
hebben

doon
doen

sien
zijn

stahn
staan

lopen
rennen

trecken
trekken

smieten
gooien

fallen
vallen

liggen
liggen

töven
wachten

dregen
dragen

sitten
zitten

antrecken
aankleden

slapen
slapen

opwaken
wakker worden

ankieken
bekijken

wenen
huilen

eien
strelen

kämmen
kammen

snacken
praten

verstahn
begrijpen

fragen
vragen

hören
horen

drinken
drinken

eten
eten

oprümen
opruimen

leefhebben
houden van

kaken
koken

fohren
rijden

flegen
vliegen

de Aktivitäten - activiteiten

segeln

zeilen

reken

rekenen

lesen

lezen

lehren

leren

arbeiden

werken

de Plünnen tohoopsmieten

trouwen

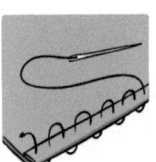

neihen

naaien

Tähnen putzen

tandenpoetsen

dootmaken

doden

smöken

roken

schicken

verzenden

de Familje
familie

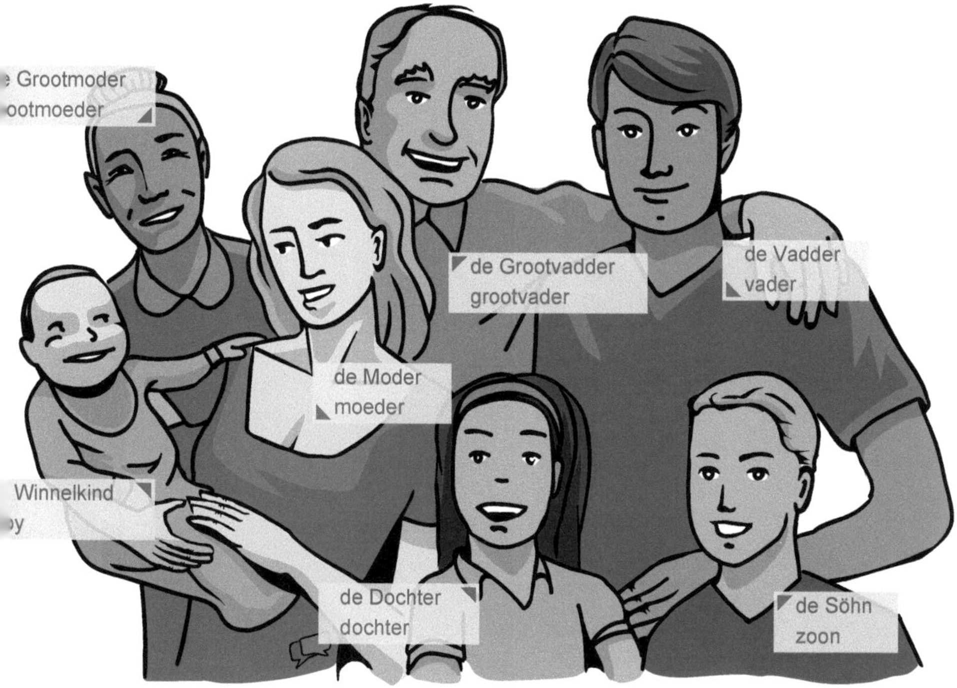
Grootmoder
ootmoeder
de Grootvadder
grootvader
de Vadder
vader
de Moder
moeder
Winnelkind
y
de Dochter
dochter
de Söhn
zoon

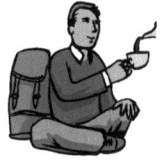

de Gast

gast

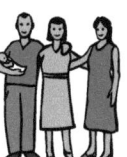

de Tant

tante

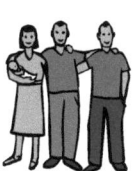

de Unkel

oom

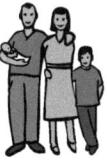

de Broder

broer

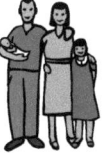

de Süster

zus

de Lief

lichaam

de Vörkopp
voorhoofd
dat Oog
oog
de Schuller
schouder
de Finger
vinger
dat Gesicht
gezicht
dat Kinn
kin
de Hand
hand
dat Been
been
de Bost
borst
de Arm
arm

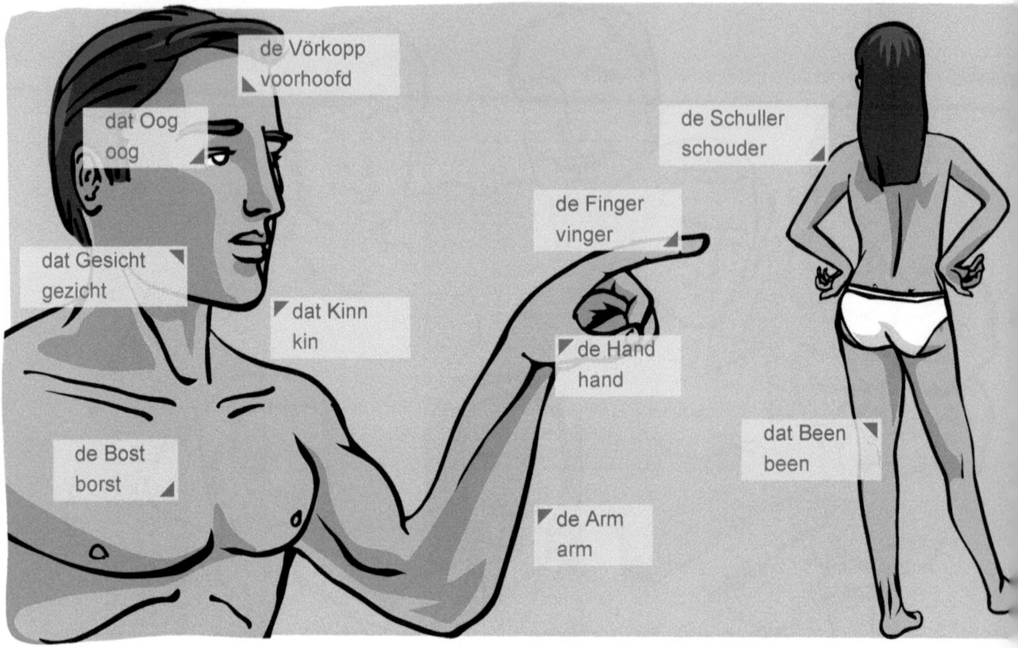

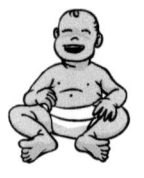

dat Winnelkind

baby

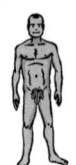

de Mann

man

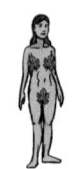

de Fro

vrouw

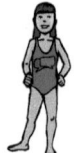

de Deern

meisje

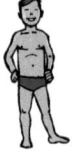

de Jung

jongen

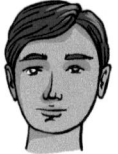

de Arm

hoofd

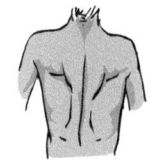

de Rüch

rug

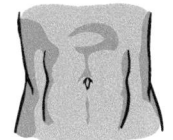

de Buuk

buik

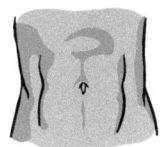

de Navel

navel

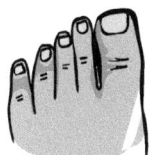

de Teh

teen

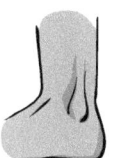

de Hack

hiel

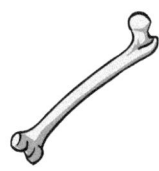

de Knaken

bot

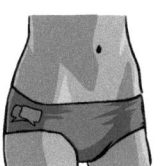

de Hüft

heup

dat Knee

knie

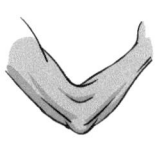

de Ellbagen

elleboog

de Nees

neus

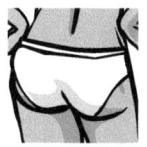

de Achtersen

achterwerk

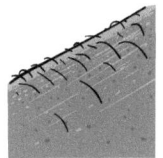

de Huut

huid

de Back

wang

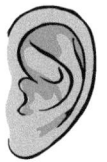

dat Ohr

oor

de Lipp

lippen

de Mund

mond

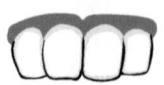

de Tähn

tand

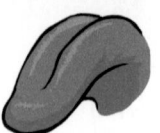

de Tung

tong

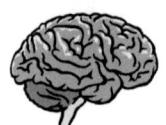

de Bregen

hersenen

dat Hart

hart

de Muskel

spier

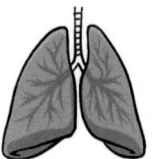

de Lung

long

de Lever

lever

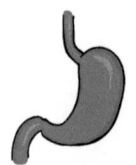

de Maag

maag

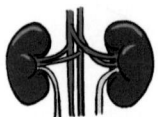

de Neren

nieren

de Bislaap

geslachtsgemeenschap

dat Kondoom

condoom

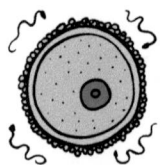

de Eizell

eicel

dat Sperma

sperma

de Anner Ümstänn

zwangerschap

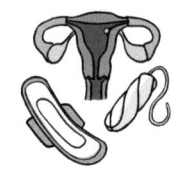

de Menstruatschoon

menstruatie

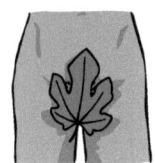

de Scheed

vagina

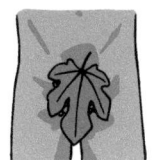

de Pint

penis

de Ogenbroe

wenkbrauw

dat Hoor

haar

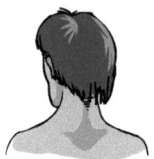

de Hals

hals

dat Krankenhuus

ziekenhuis

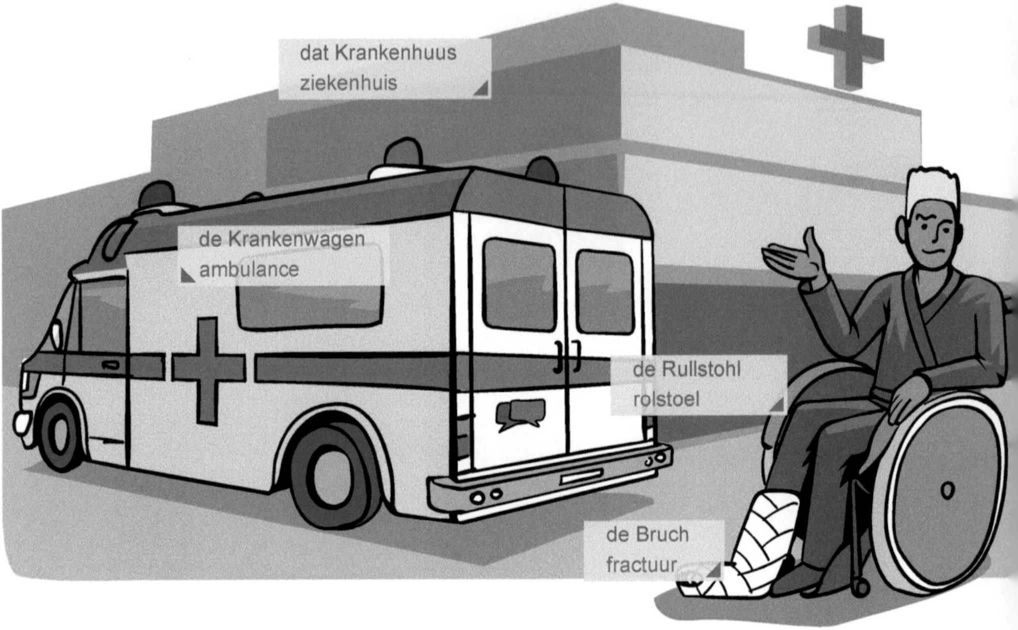

dat Krankenhuus
ziekenhuis
de Krankenwagen
ambulance
de Rullstohl
rolstoel
de Bruch
fractuur

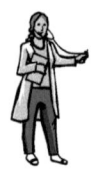

de Dokter

dokter

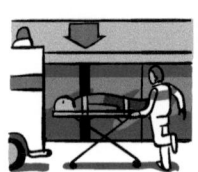

de Nootopnahm

EHBO

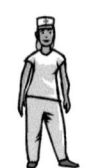

de Krankensüster

verpleegster

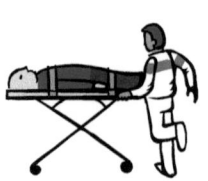

de Nootfall

noodgeval

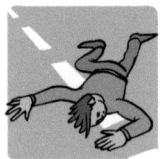

ahnmächtig

bewusteloos

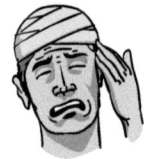

de Wehdaag

pijn

de Verwunnen

verwonding

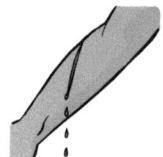

de Blöden

bloeding

de Hartinfarkt

hartaanval

de Slaganfall

beroerte

de Allergie

allergie

de Hoosten

hoest

dat Fever

koorts

de Gripp

griep

de Dörchfall

diarree

de Koppwehdaag

hoofdpijn

de Kreeft

kanker

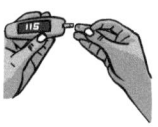

de Zuckersüük

diabetes

de Chirurg

chirurg

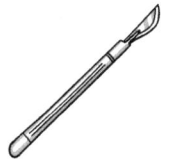

dat Chirurgsch Mess

scalpel

de Operatschoon

operatie

dat CT

CT

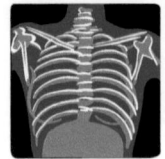

de Dörchlüchten

röntgen

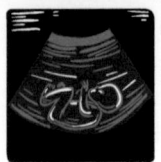

de Ultraschall

echografie

de Mask

gezichtsmasker

de Krankheit

ziekte

de Töövruum

wachtkamer

de Krück

kruk

dat Plaaster

pleister

de Verband

verband

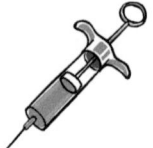

de Insprütten

injectie

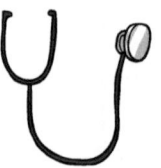

dat Stethoskop

stethoscoop

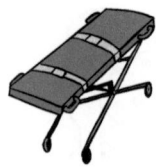

de Draag

brancard

dat Feverthermometer

thermometer

de Geboort

geboorte

dat Övergewicht

overgewicht

de Höörapparat

gehoorapparaat

dat Kiemfriemiddel

ontsmettingsmiddel

de Ansteken

infectie

de Virus

virus

dat HIV / AIDS

HIV / AIDS

dat Heelmiddel

medicijn

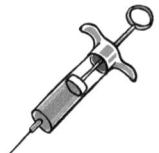

de Impen

inenting

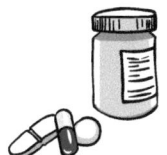

de Tabletten

tabletten

de Pill

pil

de Nootroop

alarmnummer

de Blootdruck-Meter

bloeddrukmeter

krank / gesund

ziek / gezond

Hölp!

Help!

de Alarm

alarm

de Överfall

overval

de Angreep

aanval

de Gefohr

gevaar

de Nootutgang

nooduitgang

dat Füer!

Brand!

de Füerlöscher

brandblusser

de Unfall

ongeluk

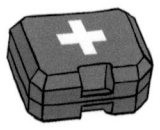

de Noothölpkoffer

EHBO-koffer

SOS

SOS

de Polizei

politie

Europa

Europa

Noordamerika

Noord-Amerika

Süüdamerika

Zuid-Amerika

Afrika

Afrika

Asien

Azië

Australien

Australië

de Atlantik

Atlantische Oceaan

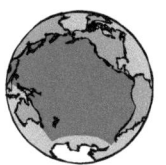

de Pazifik

Stille Oceaan

dat Indisch Weltmeer

Indische Oceaan

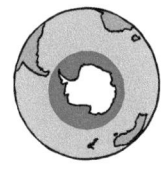

at Antarktisch Weltmeer

Zuidelijke Oceaan

dat Arktisch Weltmeer

Noordelijke IJszee

de Noordpol

Noordpool

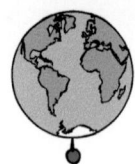

de Süüdpol

Zuidpool

de Antarktis

Antarctica

de Eerd

aarde

dat Land

land

de See

zee

dat Eiland

eiland

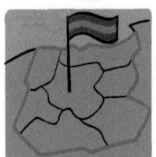

de Natschoon

natie

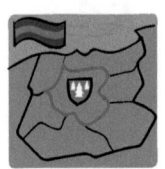

de Staat

staat

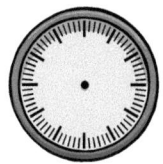

dat Tallenblatt

wijzerplaat

de Stunnenwieser

uurwijzer

de Minutenwieser

minutenwijzer

de Sekunnenwieser

secondewijzer

Wo laat is dat?

Hoe laat is het?

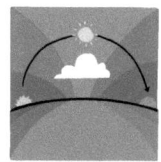

de Dag

dag

de Tiet

tijd

nu

nu

de digetaalsch Klock

digitaal horloge

de Minuut

minuut

de Stunn

uur

de Week

week

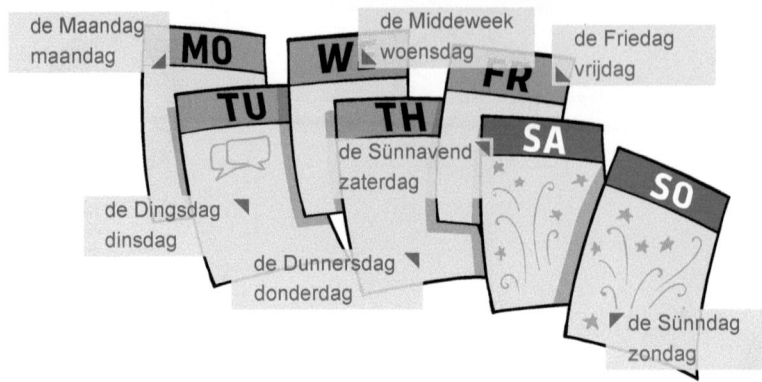

de Maandag
maandag

de Middeweek
woensdag

de Friedag
vrijdag

de Dingsdag
dinsdag

de Sünnavend
zaterdag

de Dunnersdag
donderdag

de Sünndag
zondag

güstern

gisteren

hüüt

vandaag

morgen

morgen

de Morgen

ochtend

de Meddag

middag

de Avend

avond

de Arbeitsdaag

werkdagen

dat Wekenenn

weekend

dat Johr

jaar

de Regen
regen
de Regenbagen
regenboog
de Wind
wind
de Snee
sneeuw
dat Fröhjohr
voorjaar
de Harvst
herfst
de Sommer
zomer
de Winter
winter

4.APRIL 11°
5.APRIL 4°
6.APRIL 13°
7.APRIL 8°
8.APRIL 10°

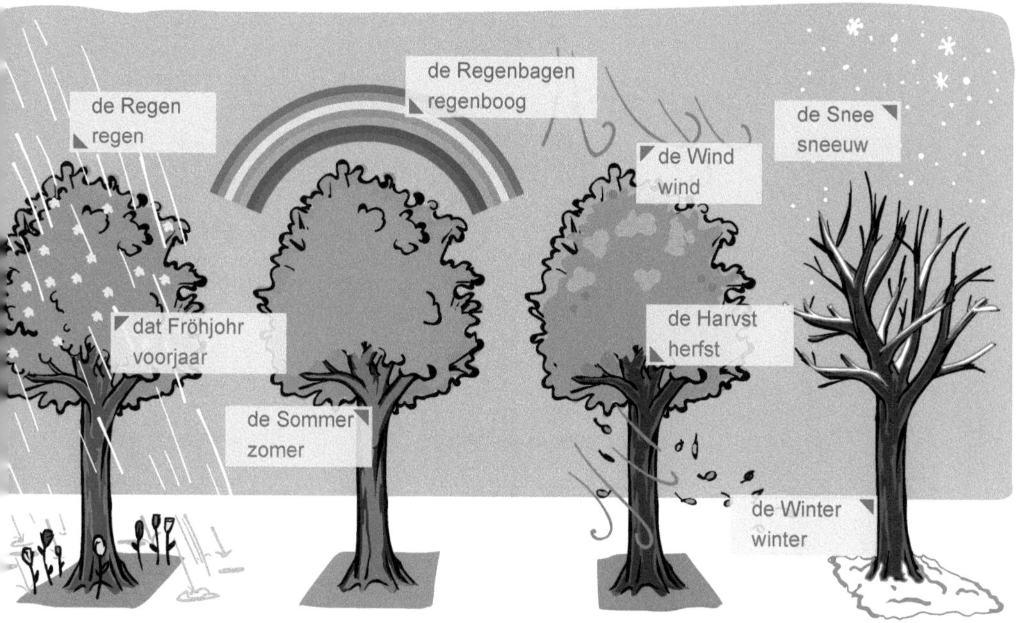

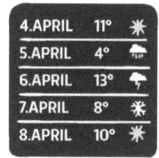

de Wedervörhersaag

weerbericht

F
C
120
90
60
30
0
-30
40
30
20
10
0
-10
-20

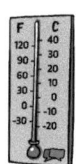

dat Thermometer

thermometer

de Sünnenschien

zonneschijn

de Wulk

wolk

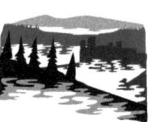

de Nevel

mist

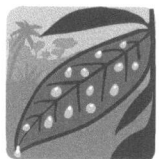

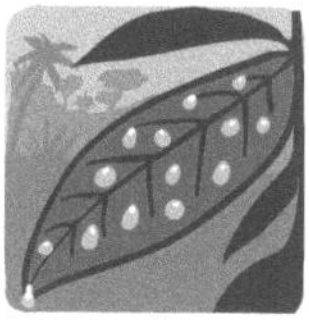

de Luftfuchtigkeit

luchtvochtigheid

de Blitz

bliksem

de Dunner

donder

de Storm

storm

de Hagel

hagel

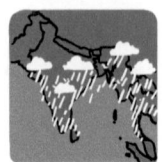

de Monsun

moesson

de Floot

overstroming

dat Ies

ijs

de Januormaand

januari

de Februormaand

februari

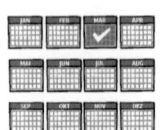

de Martmaand

maart

de Aprilmaand

april

de Maimaand

mei

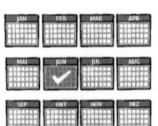

de Junimaand

juni

de Julimaand

juli

de Augustmaand

augustus

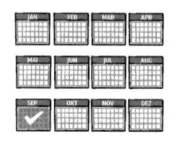

de Septembermaand

september

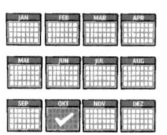

de Oktobermaand

oktober

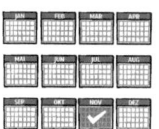

de Novembermaand

november

de Dezembermaand

december

de Formen

vormen

de Krink

cirkel

dat Quadrat

vierkant

dat Rechteck

rechthoek

dat Dreeeck

driehoek

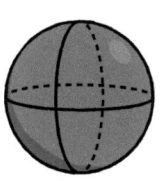

de Kugel

bol

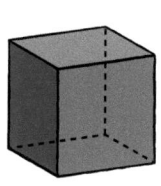

de Wörpel

kubus

witt

wit

geel

geel

orangsch

oranje

pink

roze

root

rood

lila

paars

blau

blauw

gröön

groen

bruun

bruin

gries

grijs

swart

zwart

veel / wenig
veel / weinig

böös / verdreeglich
boos / rustig

smuck / mies
mooi / lelijk

de Begünn / dat Enn
begin / einde

groot / lütt
groot / klein

hell / düüster
licht / donker

de Broder / de Süster
broer / zus

schier / schietig
schoon / vies

kumpleet / nich kumpleet
volledig / onvolledig

de Dag / de Nacht
dag/ nacht

doot / lebennig
dood / levend

breet / small
breed / smal

geneetbor / nich geneetbor

eetbaar / oneetbaar

böös / fründlich

gemeen / aardig

fickerig / langwielt

opgewonden / verveeld

dick / dünn

dik / dun

toeerst / toletzt

eerste / laatste

de Fründ / de Fiend

vriend / vijand

vull / leddig

vol / leeg

hart / week

hard / zacht

swoor / licht

zwaar / licht

de Smacht / de Döst

honger / dorst

krank / gesund

ziek / gezond

nich na't Recht / na't Recht

illegaal / legaal

klook / dummerhaftig

intelligent / dom

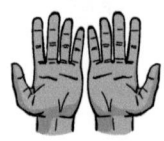

linkerhand / rechterhand

links / rechts

neeg / feern

dichtbij / ver

nieg / bruukt

nieuw / gebruikt

nix / wat

niets / iets

oolt / jung

oud / jong

an / ut

aan / uit

apen / slaten

open / gesloten

lies / luut

zacht / luid

riek / arm

rijk / arm

richtig / verkehrt

goed / fout

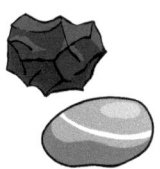

ruug / glatt

ruw / glad

trurig / glücklich

verdrietig / gelukkig

kort / lang

kort / lang

suutje / flink

langzaam / snel

natt / dröög

nat / droog

warm / köhl

warm / koel

de Krieg / de Freden

oorlog / vrede

0

null

nul

1

een

één

2

twee

twee

3

dree

drie

4

veer

vier

5

fief

vijf

6

söss

zes

7

söven

zeven

8

acht

acht

9

negen

negen

10

teihn

tien

11

ölven

elf

12	**13**	**14**
twölf	dörteihn	veerteihn
twaalf	dertien	veertien

15	**16**	**17**
föffteihn	sössteihn	söventeihn
vijftien	zestien	zeventien

18	**19**	**20**
achtteihn	negenteihn	twintig
achttien	negentien	twintig

100	**1.000**	**1.000.000**
hunnert	dusend	million
honderd	duizend	miljoen

dat Engelsch

Engels

dat Amerikaansch Engelsch

Amerikaans Engels

dat Chineesch Mandarin

Chinees Mandarijn

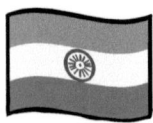

dat Hindi

Hindi

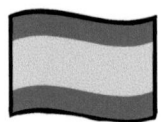

dat Spaansch

Spaans

dat Franzöösch

Frans

dat Araabsch

Arabisch

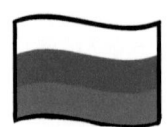

dat Rusch

Russisch

dat Portugiesch

Portugees

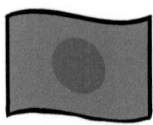

dat Bengaalsch

Bengalees

dat Düütsch

Duits

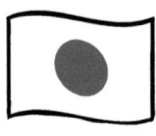

dat Japaansch

Japans

ik
....
ik

du
....
jij

he / se / dat
....
hij / zij / het

wi
....
wij

ji
....
jullie

se
....
zij

keen?
....
wie?

wat?
....
wat?

woans?
....
hoe?

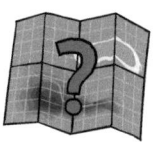

woneem?
....
waar?

wannehr?
....
wanneer?

de Naam
....
naam

achter

achter

in

in

vör

voor

över

boven

op

op

ünner

onder

blangen

naast

twüschen

tussen

de Oort

plaats